Christian Lang

Efficient Consumer Response

GRIN - Verlag für akademische Texte

Der GRIN Verlag mit Sitz in München hat sich seit der Gründung im Jahr 1998 auf die Veröffentlichung akademischer Texte spezialisiert.

Die Verlagswebseite www.grin.com ist für Studenten, Hochschullehrer und andere Akademiker die ideale Plattform, ihre Fachtexte, Studienarbeiten, Abschlussarbeiten oder Dissertationen einem breiten Publikum zu präsentieren.

Christian Lang

Efficient Consumer Response

GRIN Verlag

Bibliografische Information der Deutschen Nationalbibliothek: Die Deutsche Bibliothek verzeichnet diese Publikation in der Deutschen Nationalbibliografie; detaillierte bibliografische Daten sind im Internet über http://dnb.d-nb.de/ abrufbar.

1. Auflage 2010
Copyright © 2010 GRIN Verlag
http://www.grin.com/
Druck und Bindung: Books on Demand GmbH, Norderstedt Germany
ISBN 978-3-640-83102-9

Hochschule Heilbronn
Technik • Wirtschaft • Informatik

Studiengang Electronic Business(EB)

E-Business Technologien

Efficient Consumer Response

von

Christian Lang

im

Wintersemster 2009 / 2010

Inhaltsverzeichnis

Abkürzungsverzeichnis

KSA .... Kurt Salmon Associates

PoS .... Point of Sale

RCS .... Roll Cage Sequencing

RFID .... Radio Frequency Identification

VMI .... Vendor Managed Inventory

WLAN .... Wireless Local Area Network

Abbildungsverzeichnis

Tabellenverzeichnis

Zusammenfassung

Die Konsumgüterwirtschaft und der Einzelhandel sehen sich seit geraumer Zeit ganz ähnlichen Problemen gegenüber. Durch steigende Sozialabgaben stagnieren oder sinken die Reallöhne der Konsumenten. Diese werden dadurch preissensibler beim Einkauf. Handel und Hersteller erfahren diesen Wandel durch stagnierendes oder allenfalls leicht steigendes Wachstum. Folglich steigt der Konkurrenzdruck. Anfang der neunziger Jahre wurde in den USA ein neues Konzept entwickelt, um dieser Entwicklung entgegen zu wirken: Efficient Consumer Response (ECR). Zu deutsch etwa „effiziente Reaktion auf die Kundennachfrage".

ECR ist eine vertikale Kooperation zwischen Händler und Hersteller, mit dem Ziel Ineffizienzen entlang der Wertschöpfungskette zu eliminieren bei gleichzeitiger Maximierung der Kundenzufriedenheit. So sollen alle Beteiligten Vorteile aus der Kooperation ziehen. Handel und Hersteller sparen Kosten und erhöhen ihre Umsätze. Die Kunden hingegen profitieren von einer höheren Zufriedenheit.

ECR besteht im Wesentlichen aus zwei Teilen: die Supply Side und die Demand Side. Auf diese verteilen sich die vier Basisstrategien. Die Basisstrategie der Supply Side ist Efficient Replenishment. Ziel dieser Basisstrategie ist die Optimierung der Logistik zwischen Händler und Hersteller. Die Demand Side wird durch das Category Management repräsentiert. Ihr können die Basisstrategien Efficient Store Assortment, Efficient Product Introduction und Efficient Promotion zugeordnet werden. Die Demand Side zielt auf die Schnittstelle Handel-Kunde ab.

Für ECR spielen E-Business Technologien wie bspw. Electronic Data Interchange (EDI) oder Radiofrequency Identification (RFID) eine wichtige Rolle. Sie gehören zu den sogenannten Enabling Technologies. Das bedeutet sie machen die Einführung und die Umsetzung von ECR durch ihre enormen Kostensenkungspotentiale erst möglich. Vergleichbar mit dem Fundament eines Hauses. Speziell EDI macht die in dieser Kooperation so wichtige sichere und schnelle Kommunikation erst möglich. RFID hingegen bietet neben neuen Automatisierungsmöglichkeiten neue Lösungsansätze für bekannte Probleme (Rückverfolgbarkeit der Ware, Schutz vor Diebstahl und Plagiaten).

Management Summary

The consumer good industry as well as the retail industry are facing quite similar problems for considerable time. Due to increasing social contributions consumers real incomes stagnate or even shrink. Thus the consumers get more price-conscious in purchasing. Retailer and manufacturer experience this change through stagnating or at best slightly increasing growth. Accordingly competition pressure is rising. In the early nineties a new concept has been developed in the U.S. to counteract this changes: Efficient Consumer Response (ECR).

ECR is a vertical cooperation between retailer and manufacturer with the goal to eliminate inefficiencies in the supply chain under the maxim of maximum customer satisfaction. That way each participant shall take advantage of the cooperation. Retailer and manufacturer save costs and increase their sales. Customers profit from a higher satisfaction.

ECR mainly is composed of two parts: supply side and demand side. The four basic strategies are distributed among them. Efficient Replenishment is the basic strategy for the supply side. Its goal is to improve logistics between retailer and manufacturer. The demand side is represented by Category Management. Basic strategies Efficient Store Assortment, Efficient Product Introduction and Efficient Promotion are attached to this side. The demand side is aimed at the retailer-customer gateway.

E-Business technologies like for example Electronic Data Interchange (EDI) or Radio Frequency Identification (RFID) play a decisive role in ECR. They belong to the enabling technologies. Because of their high cost reduction potentials they enable an adoption and implementation of ECR in the first place. Comparable to a foundation of a building. Especially EDI enables the very important fast and secure communication in this cooperation in the first place. RFID however offers besides new automation possibilities also new solution strategies for well-known problems (e. g. retraceability of goods, protection against theft and plagiarism).

1 Einleitung

Folgendes Kapitel soll dem Leser zeigen, warum diese Themenstellung gewählt wurde bzw. warum dieses Thema interessant ist (s. Abschnitt 1.1). Darüber hinaus werden die Ziele und die Vorgehensweise dieser Arbeit vorgestellt (s. Abschnitt 1.2 u. 1.3).

1.1 Motivation

Das Efficient Consumer Response Konzept wurde Anfang der neunziger Jahre in den USA entwickelt. Es ist also nunmehr fast zwanzig Jahre alt. Dennoch findet die Umsetzung dieses erfolgsversprechenden Konzeptes nur schleppend statt. Die einzelnen Basisstrategien sind nicht bekannt und somit können die zahlreichen Einsparungspotentiale von ECR nicht genutzt werden. Ein Blick auf das Gesamtkonzept entzieht sich oft gänzlich der Kenntnis von Handels- und Industriemanagern in Deutschland.

1.2 Ziel der Arbeit

Diese Arbeit soll im Wesentlichen drei Ziele erfüllen:

- Die Bedeutung des Begriffes Efficient Consumer Response erklären und einordnen
- Verständnis für das Efficient Consumer Response Konzept und dessen Basisstrategien schaffen
- Ausgewählte E-Business Technologien, die bei Efficient Consumer Response als Enabling Technologies dienen vorstellen.

Ziel dieser Arbeit ist es **nicht** sämtliche Aspekte des Efficient Consumer Response Konzeptes im Detail zu behandeln. Dies kann im Rahmen dieser Arbeit nicht geleistet werden.

1.3 Vorgehensweise

Nach dieser Einleitung werden in Kapitel 2 die Grundlagen von Efficient Consumer Response (ECR) vermittelt. So soll sichergestellt werden, dass der Leser das nötige Grundverständnis besitzt, um die Ausführungen in den darauf folgenden Kapiteln verstehen und richtig einordnen zu können. In Abschnitt 2.1 wird der Begriff ECR definiert und sein Bedeutungsinhalt er-

fasst. Abschnitt 2.2 befasst sich mit den Zielen des ECR Konzepts. Kapitel 2 schließt mit Abschnitt 2.3, der sich mit der Entstehung des ECR-Konzeptes beschäftigt.

Das eigentlich ECR-Konzept wird dann in Kapitel 3 näher betrachtet. In einer kurzen Einleitung wird der Aufbau des Konzeptes erläutert, sowie seine Basisstrategien eingeordnet. Die folgenden Abschnitte befassen sich dann eingehender mit den beiden Hauptbestandteilen von ECR: Efficient Replenishment (Abschnitt 3.1) und Category Management (3.2). So soll ein – wenn auch relativ kompakter – Überblick über das ECR-Konzept gegeben werden. Diese Ausführungen sind nötig um den Einfluss der E-Business Technologien auf die Umsetzung von ECR zu verstehen.

Mit dieser Thematik setzt sich Kapitel 4 auseinander. Hierzu werden in Abschnitt 4.1 die Enabling Technologies aufgelistet und kurz vorgestellt. In den Abschnitten 4.2 und 4.3 wird exemplarisch jeweils eine Enabling Technology, die gleichzeitig eine E-Business Technologie auf ihre Rolle im ECR-Konzept hin untersucht. In Abschnitt 4.2 ist dies Electronic Data Interchange und in 4.3 ist es Radiofrequency Identification.

Die Arbeit schliesst mit einem Fazit zu den Ausführungen und einem kurzen Ausblick in die Zukunft des ECR-Konzepts.

2 Grundlagen

Um das Konzept von Efficient Consumer Response und den Zusammenhang mit Electronic Business (E-Business) Technologien zu verstehen, müssen erst einmal die Grundlagen eben jenes ECR Konzeptes vermittelt werden. Genau dies soll das folgende Kapitel leisten.

In Abschnitt 2.1 werden mehrere Definitionen des Begriffes ECR gegeben und deren Inhalt diskutiert. So soll der Bedeutungsinhalt dieses umfassenden Konzeptes möglichst genau erfasst werden.

In Abschnitt 2.2 werden die Ziele des ECR Konzeptes vorgestellt, sowie die Aufgaben die es erfüllen soll.

Schließlich werden in Abschnitt 2.3 die Veränderungen in der Gesellschaft und der Wirtschaft, insbesondere des Einzelhandels, die zu der Entstehung des ECR Konzeptes wesentlich beigetragen haben, diskutiert.

2.1   Bedeutungsinhalt von Efficient Consumer Response

Der Begriff Efficient Consumer Response stammt ursprünglich aus der Lebensmittelbranche in den USA.[1] Er lässt sich im Deutschen nur etwas sperrig mit effiziente Reaktion auf die Kundennachfrage übersetzen. Diese Übersetzung lässt jedoch viele Fragen offen. Handelt es sich um eine Unternehmensstrategie oder stellt der Begriff nur eine Sammlung von Methoden und Techniken dar? Im Folgenden sollen diese Fragen beantwortet werden.

Für Seifert ist ECR ein Managementkonzept, das eine Wertschöpfungspartnerschaft zwischen Handel und Industrie realisieren soll.[2] Des weiteren sollen nach Seifert alle Bemühungen innerhalb des ECR-Konzeptes auf die bessere Befriedigung der Kundenbedürfnisse abzielen.[3] Hier lässt sich schon erkennen, dass es sich bei dem ECR-Konzept wohl um eine vertikale Kooperation zwischen Handel und Industrie handelt, bei der der Konsument und dessen Bedürfnisse im Mittelpunkt stehen. Seifert definiert den Begriff Efficient Consumer Response daher wie folgt:

„Efficient Consumer Response (ECR) ist ein umfassendes Management-Konzept auf der Basis einer vertikalen Kooperation von Industrie und Handel mit dem Ziel einer effizienteren Befriedigung von Konsumentenbedürfnissen. Die Instrumente von ECR sind das Supply Chain Management (Kooperationsfeld Logistik) und das Category Management (Kooperationsfeld Marketing).“[4]

Anhand dieser Definition lässt sich feststellen, dass ECR sowohl eine Logistikkomponente, als auch eine Marketingkomponente aufweist. Auf die verschiedenen Basisstrategien und Grundtechniken wird in Kapitel 3 näher eingegangen.

Für von der Heydt geht der Begriff über den eines reinen Management-Konzeptes hinaus. Er bezeichnet ECR als eine Unternehmensphilosophie.[5] Als zentrale Komponente sieht er hier das Motto: Kooperation statt Konfrontation. Des weiteren sieht auch er den Konsumenten und dessen Bedürfnisse im Mittelpunkt des ECR-Konzeptes.[6]

---

1   Vgl. von der Heydt, A., ECR, 1998, S.52.
2   Vgl. Seifert, D.,ECR, 2006, S.50.
3   Vgl. Seifert, D.,ECR, 2006,, S.51.
4   Seifert, D.,ECR, 2006, S.52.
5   Vgl. von der Heydt, A., ECR, 1998, S.55.
6   Vgl. von der Heydt, A., ECR, 1998, S.52.

Von der Heydt gibt für ECR daher folgende Definition:

„Efficient Consumer Response (ECR) ist eine gesamtunternehmensbezogene Vision, Strategie und Bündelung ausgefeilter Techniken, die im Rahmen einer partnerschaftlichen und auf Vertrauen basierenden Kooperation zwischen Hersteller und Handel darauf abzielen, Ineffizienzen entlang der Wertschöpfungskette unter Berücksichtigung der Verbraucherbedürfnisse und der maximalen Kundenzufriedenheit zu beseitigen, um allen Beteiligten jeweils einen Nutzen zu stiften, der im Alleingang nicht zu erreichen wäre."[7]

Die beiden oben aufgeführten Definitionen lassen erahnen wie komplex und viel diskutiert dieses Thema ist. In dieser Arbeit soll die Definition nach von der Heydt maßgebend sein. Diese Definition greift weiter und sieht ECR auch als Unternehmensphilosophie und -vision an. Außerdem betont sie die Kooperation zwischen den Teilnehmern und die Notwendigkeit allen Beteiligten einen genügend hohen nutzen zu stiften.

2.2   Ziele und Aufgaben von Efficient Consumer Response

Aus der Definition von von der Heydt im vorherigen Abschnitt lassen sich die drei Dimensionen des ECR-Konzeptes erkennen. Es besitzt die Wertschöpfungsorientierung, Kundenorientierung und die Kooperationsorientierung.[8]

Mit Wertschöpfungsorientierung ist gemeint, dass Prozesse, die nicht zu Wertschöpfung beitragen eliminiert oder aber wenigstens reduziert werden sollen. Dies führt zu einer Steigerung der Effizienz.[9] Das Ziel der Effizienzsteigerung lässt sich ebenfalls aus dem Begriff Efficient Consumer Response an sich ableiten. Das Wort „Efficient" bedeutet im Deutschen „effizient".

Wie die Definition des Begriffes Efficient Consumer Response zeigt, müssen alle diese wertschöpfungssteigernden Aktivitäten unter dem Gesichtspunkt der maximalen Kundenzufriedenheit bewerkstelligt werden. Hierin zeigt sich die Kundenorientierung des ECR-Konzeptes.

Bei dem Prinzip der Kooperationsorientierung sei abermals auf von der Heydts Definition von ECR verwiesen. Sie macht deutlich, dass allen Partnern durch die Kooperation ein genügend hoher Nutzen gestiftet werden muss, den er so unmöglich allein erreichen könnte. Denn nur so macht eine Kooperation für alle Partner Sinn. Natürlich stehen hierbei die Teilnehmer der

---

7   von der Heydt, A., ECR, 1998, S.55.
8   Vgl. Seifert, D., ECR, 2006, S.66ff.
9   Vgl. Seifert, D., ECR, 2006, S.68; von der Heydt, A., ECR, 1998, S.56.

Kooperation, also Handel und Hersteller im Vordergrund, jedoch darf der Verbraucher nicht vergessen werden. Tabelle 1 zeigt einige Beispiele für den Nutzengewinn, der aus einer ECR-Kooperation entstehen kann.

Verbraucher	Handel	Hersteller
Verbesserte Frische der Produkte	Effizientere und schnellere Systeme	Effizientere und schnellere Systeme
Besseres und konstanteres Preis-Leistungs-Verhältnis	Reduzierte Bestände und Kapitalbindung	Reduzierte Bestände und Kapitalbindung
Größeres Preisvertrauen	Geringere Abschriften	Optimierte Produktionsplanung und -auslastung
Höhere Einkaufszufriedenheit durch weniger Bestandslücken	Weniger Aktions-Handling	Reduzierung von Bestandslücken
Einfacheres Einkaufen	Reduzierung von Bestandslücken/ höhere Geschäftsloyalität	Höhere Markenloyalität
Echte Innovationen	Kundenorientierte Sortimente	Kundenorientierte Sortimente
	Profilierung mit innovativen Sortimenten	Höhere Marktanteile
		Wettbewerbsvorsprung
► **Höhere Zufriedenheit**	► **Kostensenkung und Umsatzwachstum**	► **Kostensenkung und Umsatzwachstum**

Tabelle 1: Angestrebter Nutzengewinn für Kunden, Händler und Hersteller durch ECR
Quelle: Eigene Darstellung in Anlehnung an Seifert,D., ECR, 2006, S.54.

So profitiert der Kunde bspw. durch verbesserte Frische der Produkte, günstigere Produkte und seine Zufriedenheit hat sich so schließlich erhöht. Handel und Hersteller profitieren durch effizientere Prozesse und Kundenbindung. Sie können somit Kostensenkungen und Umsatzwachstum realisieren.

2.3   Gründe für Efficient Consumer Response

Um die Notwendigkeit von Efficient Consumer Response zu erkennen, muss man sich die Entwicklungen der drei Protagonisten des ECR Konzeptes vor Augen führen. Diese sind:

- Die Verbraucher oder Konsumenten

- Der Handel, im Speziellen der Lebensmitteleinzelhandel

- Die Konsumgüterindustrie

Das Kaufverhalten der Konsumenten hat sich in den letzten Dekaden in vielerlei Hinsicht verändert. Stagnierende Realeinkommen führen zu einem spürbaren Absinken der Kaufkraft bei den Verbrauchern. Dazu kommen steigende Sozialabgaben, die das verfügbare Einkommen signifikant reduzieren.[10] Dies führt zusammen mit dem Wunsch nach dem Erhalt des Lebensstandard zu einer gesteigerten Preissensibilität der Verbraucher. Gleichzeitig steigt die Anzahl der Konsumenten, die eher qualitätsorientiert einkaufen. Man spricht von Smart-shoppers, wenn sowohl auf den Preis, als auch auf die Qualität beim Einkauf geachtet wird. Diese Gruppe weist eine geringe Kaufloyalität auf. Außerdem wird der Handel mit einer gesteigerten Erlebnisorientierung der Konsumenten konfrontiert.[11]

Durch die oben beschriebene stagnierende oder gar sinkende Kaufkraft der Konsumenten, sieht sich der Handel stagnierenden Umsätzen gegenüber. Der gleichzeitig steigende Verdrängungswettbewerb führt zu einer erhöhten Marktkonzentration und erhöht somit den Druck auf die Preise und damit auf den Gewinn.[12] Aus diesen Entwicklungen resultiert die zunehmende Bedeutung von Handelsmarken und die steigende Akzeptanz derselbigen bei den Verbrauchern.[13]

Impliziert durch die oben beschriebenen Veränderungen im Kaufverhalten der Konsumenten und beim Handel sehen sich auch die Hersteller herausfordernden Entwicklungen entgegen. Überkapazitäten bei der Produktion, erschwerte Markteinführung neuer Produkte mit steigenden Marketingkosten sind hier zu nennen. Hinzu kommen erhöhter Konkurrenzdruck durch die bereits oben erwähnten Handelsmarken und die Globalisierung der Marken. Von Handelsseite sind die steigenden Rabattforderungen und von Verbraucherseite die höheren Ansprüche zu nennen. Dies alles führt zu einem ähnlichen Preisdruck, wie ihn der Handel erfährt.[14]

Bedingt durch diese Entwicklungen wurden 1992 von der Unternehmensberatung Kurt Salmon Associates (KSA) in den USA die ersten Arbeitsgruppen zum Thema ECR gebildet. Als Vorläufer von ECR gilt das Quick-Response-Konzept aus der Textilindustrie, das ebenfalls von KSA entworfen wurde.[15]

---

10 Vgl. ECR Europe, Consumer Enthusiasm, 1998, S.1.
11 Vgl. Meffert,H., Trends, 2000, S.153f.
12 Vgl. Wiezorek, H., ECR, 2000, S.193.
13 Vgl. Meffert,H., Trends, 2000, S.153.
14 Vgl. Wiezorek, H., ECR, 2000, S.193f.
15 Vgl. von der Heydt, A., ECR, 1998, S.56.

Zwei Jahre später wurde aufgrund der Erfolge in den USA das ECR Europe Executive Board gegründet, das aus Vertretern der führenden Handels- und Industrieunternehmen besteht.[16]

3 Das Efficient Consumer Response Konzept

Nachdem in vorherigen Kapitel die Grundlagen von ECR vermittelt wurden, soll nun das ECR-Konzept etwas näher im Detail betrachtet werden.

Das ECR Konzept besteht im Wesentlichen aus den vier Basisstrategien:[17]

- Efficient Replenishment (Effizienter Warennachschub), s. Abschnitt 3.1,

- Efficient Store Assortment (Effiziente Sortimentsgestaltung), s. Abschnitt 3.2,

- Efficient Promotion (Effiziente Verkaufsförderung), s. Abschnitt 3.2. und

- Efficient Product Introduction (Effiziente Produkteinführung), s. Abschnitt 3.2

Abbildung 1: Schematische Darstellung des ECR-Konzepts

Quelle: Eigene Darstellung

---

16 Vgl. von der Heydt, A., ECR, 1998, S.61.
17 Vgl. Akademische Partnerschaft ECR Deutschland, Inhalte, 2009, o.S.

Diese Strategien lassen sich nach ihrem Inhalt entweder der Demand Side oder der Supply Side zuordnen. Abbildung 1 visualisiert diesen Sachverhalt. Die Maßnahmen der Demand Side zielen direkt auf den Kunden ab, während die Maßnahmen der Supply Side auf die Beschaffung und die Logistik abzielen. Die Demand Side kann auch unter dem Begriff Category Management zusammengefasst werden (so soll auch in dieser Arbeit verfahren werden).[18] Das Category Management wird in Abschnitt 3.2 näher behandelt. Die Supply Side wird durch die Basisstrategie Efficient Replenishment repräsentiert. Efficient Replenishment und seine Techniken werden in Abschnitt 3.1 dieses Kapitels behandelt. Die Enabling Technologies bilden sozusagen das Fundament des ECR-Konzepts (s. Abb. 1). Sie ermöglichen die sinnvolle Umsetzung von ECR. Mit den Enabling Technologies wie z.B. EDI und RFID befasst sich Kapitel 4 dieser Arbeit.

3.1   Efficient Replenishment

Der englische Begriff Efficient Replenishment (ER) kann mit im Deutschen mit effizienter Warenversorgung oder effizientem Warennachschub übersetzt werden. ER betrifft die Kooperation in der Logistik und im Informationswesen zwischen Händler und Hersteller.[19] Die Zusammenarbeit in Bereich der Logistik bezieht sich vereinfacht gesagt darauf die Regale des Händlers mit den richtigen Produkten bei möglichst hoher Effizienz zu füllen.[20] Hierzu ist ein hohes Maß an Informationsaustausch nötig. Daher müssen die Kooperationspartner wie bereits erwähnt auch im Informationswesen zusammenarbeiten. Um dies zu bewerkstelligen müssen Technologien wie etwa Bar Coding, Scanning und Elektronische Kommunikation[21] benutzt werden.[22] Von der Heydt definiert ER daher wie folgt:

„Efficient / Continuous Replenishment ist eine Basisstrategie des ECR-Konzeptes, die darauf abzielt, Effizienzen des Waren- und Informationsflusses entlang der Versorgungskette zu optimieren, indem das herkömmliche Belieferungssystem (vom Handel gemachte Bestellungen) durch einen sich an der tatsächlichen bzw. prognostizierten Nachfrage der Konsumenten orientierenden, abgestimmten Prozeß ersetzt wird,[...]"[23]

---

18 Vgl. Akademische Partnerschaft ECR Deutschland, Inhalte, 2009, o.S.
19 Vgl. von der Heydt, A., ECR, 1998, S. 74f.
20 Vgl. ECR Europe, Introducing ER, 1996, S.6.
21 S. dazu auch Kapitel 4.1
22 Vgl. ECR Europe, Introducing ER, 1996, S.6.
23 Von der Heydt, A., ECR, 1998, S.74.

Diese Definition macht u.a. auch deutlich, dass es nicht genügt nur die bereits abverkauften Produkte zu ersetzen. Man muss auch den Bedarf in der Zukunft prognostizieren und diesen decken. Dies gilt es besonders zu beachten wenn Sonderaktionen geplant sind.[24]

Um die oben genannten Ziele zu erfüllen bedient sich ER eine Reihe von Techniken:

- Vendor Managed Inventory (VMI)

- Cross Docking (CD)

- Efficient Unit Loads (EUL)

- Roll Cage Sequencing (RCS)

Beim **VMI** ist das zentrale Ziel die Verlagerung der Disposition des Händlers hin zum Hersteller.[25] Der Händler leitet also Daten über Abverkäufe direkt an der Hersteller weiter. Der Hersteller kann basierend auf diesen Daten automatisiert Bestellvorschläge generieren. Der Hersteller kann so seine Produktion auf den tatsächlichen Bedarf ausrichten. Der Vorteil für den Händler liegt darin, dass er sich verstärkt auf seine eigentlichen Kernaktivitäten am Point of Sale konzentrieren kann. Es gibt zwei Abwandlungen des VMI. Beim Co-Managed Inventory bestellt weiterhin der Händler jedoch bekommt der Hersteller umfassende Informationen. Dies kann soweit gehen, dass der Hersteller Bestellvorschläge ausarbeitet, die dann nochmals von Händler kontrolliert werden. Dies kann als Vorform vom reinen VMI gesehen werden. Das Buyer Managed Inventory unterscheidet sich nur marginal vom klassischen Fall. Der Händler gibt die Bestellungen auf und der Hersteller bleibt größtenteils außen vor. Lediglich der Einsatz von EDV-gestützten Dispositionssystemen dient als Unterscheidungsmerkmal.[26]

Das **CD** nimmt eine wichtige Rolle im ER ein. Die vom Hersteller gelieferte Ware wird nicht eingelagert sondern direkt weiter auf Lkws des Händler geladen und direkt an den PoS gebracht. Zentrale Voraussetzung hierfür ist die zeitliche Abstimmung von An- und Auslieferung. Vorteile des CD sind reduzierte Lagerhaltungskosten und ein verringerter Platzbedarf. Im Idealfall entfällt die Warenlagerung komplett und es wird nur noch Platz für den Warenumschlag benötigt.[27]

---

24 Vgl. auch ECR Europe, Introducing ER, 1996, S.6.
25 Vgl. Simacek, K., VMI, 1999, S.130.
26 Vgl. Von der Heydt, A., ECR, 1998, S.90ff.
27 Vgl. Von der Heydt, A., ECR, 1998, S.89f.

Die optimale Ausnutzung des noch vorhandenen Lager- und Transportraums ist Aufgabe und Ziel des **EUL**. Dies soll durch einheitliche Ladungsträger erreicht werden.[28] Hierdurch können geschätzt 1,2 Prozent vom Endverbraucherpreis eingespart werden.[29]

Ein weitere Optimierungsschritt stellt das **Roll Cage Sequencing (RCS)** dar. Hierbei sollen die Roll Container im Distributionszentrum so beladen werden, wie sie in der Filiale abgeladen werden. Dies stellt lediglich den Idealfall dar. Es ist nicht immer möglich Produkte so zu verräumen, bspw. bei sehr zerbrechlichen oder druckempfindlichen Produkten. Zu beachten gilt das die Zeitersparnis am PoS größer sein muss als die Einbußen im Distributionszentrum. Ansonsten ist RCS nicht rentabel.[30]Die drei zuletzt genannten Maßnahmen können auch unter dem Namen Efficient Operating Standards als eine eigene Basistechnik von ECR zusammengefasst werden.[31]

In den obigen Ausführungen wurden schon einige Vorteile von ER und seinen Grundtechniken genannt. Tabelle 2 führt diese und weitere nochmals zusammengefasst auf.

Vorteil	Erläuterung
Niedrigere Lagerhaltungskosten / Verringerte Kapitalbindung	Hohe Lagerbestände führen zu hoher Kapitalbindung, was wiederum den Cash-Flow verringert
Verbesserte Abläufe im Lager	CD verringert Handlingskosten, weil Zwischenlagerung entfällt
Bessere Produktionsplanung (Hersteller) => bessere Auslastung	Durch verstärkten Informationsaustausch erhält der Hersteller eine erhöhte Plangenauigkeit, was zu einer besseren Auslastung der Produktion führt
Bessere Auslastung des Transportraums	Durch erhöhte Plangenauigkeit und Abstimmung ist eine Bündelung der Transporte möglich. Auslastung wird erhöht und Leerfahrten vermieden, was zu einer Kostensenkung führt.
Frischere Ware	Waren kommen durch verkürzte Durchlaufzeiten der Logistikkette schneller am PoS an.
Minimierung von out-of-stocks (Fehlbestände)	Genauere Prognosen und schnellerer Warenfluss minimieren Fehlbestände
Schnellere Reaktion auf Marktveränderungen	Flexiblere Logistikkette durch reduzierte Lagerbestände und schnellere Durchlaufzeiten. Dadurch kann schneller auf Kundenwünsche und Marktsituationen reagiert werden.

Tabelle 2: Vorteile von ER mit Erläuterungen

Quelle: Eigene Darstellung in Anlehnung an: ECR Europe, Introducing ER, 1996, S.14ff.;

28 Vgl. von der Heydt, A., ECR, 1998, S.97.
29 Vgl. ECR Europe, EUL Report, 1997, S.5.
30 Vgl. von der Heydt, A., ECR, 1998, S.97f.
31 Vgl. Seifert,D., ECR, 2006, S.138ff.

3.2   Category Management

Wie bereits eingangs dieses Kapitel erwähnt, repräsentiert das Category Management (CM) die Demand Side des ECR-Konzeptes. Es kann im Deutschen mit Warengruppenmanagement übersetzt werden. Die in Abschnitt 2.2 genannten Trends und Entwicklungen wie bspw. Veränderungen im Konsumentenverhalten, Wettbewerbsdruck und daraus resultierendem Effizienzstreben, aber auch die rasche Entwicklung der Informationstechnologie begünstigten die Entstehung bzw. Entwicklung des CM.[32]

Von der Heydt definiert Category Management wie folgt:

„Category Management (CM) betrachtet Warengruppen als strategische Geschäftseinheiten, für die Handel und Hersteller gemeinsam Strategien entwickeln, um durch eine Ausrichtung an den Bedürfnissen der Konsumenten eine Verbesserung der Leistung der Warengruppen zu erzielen."[33]

Die Warengruppen sollen also kooperativ als bzw. analog zu strategischen Geschäftseinheiten geführt werden. Dies hat eine Neuordnung der internen Organisationsstruktur zur Folge. Die Warengruppen sollen sich nicht länger an den Funktionen des Unternehmens (wie z.B. Einkauf, Logistik, Finanzen usw.) ausrichten. Sondern die Funktionen sollen sich vielmehr an den Warengruppen ausrichten.[34] Abbildung 2 veranschaulicht die dabei entstehende Matrixorganisation.

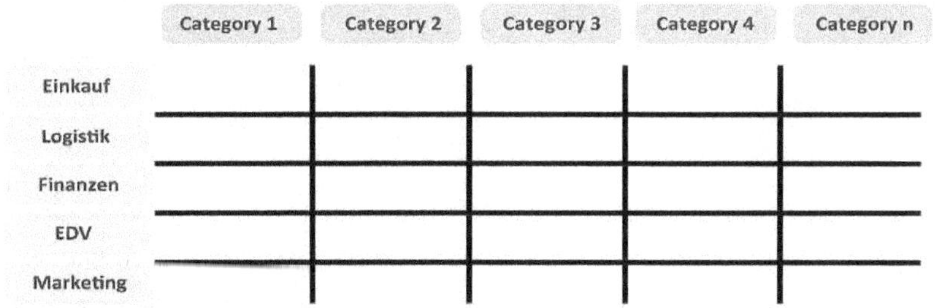

Abbildung 2: Matrixorganisation nach CM-Einführung
Quelle: Eigene Darstellung, in Anlehnung an: von der Heydt, A., ECR, 1998, S.108.

---

32 Vgl. ECR Europe, CM, 1997, S.10.
33 Von der Heydt, ECR, 1998, S.105.
34 Vgl. von der Heydt, ECR, 1998, S.106ff.

Durch das Category Management sollen folgende Ziele erreicht werden:

- Marktanteil erhöhen

- Profit der Warengruppe steigern

- Verbesserung der Kundenloyalität[35]

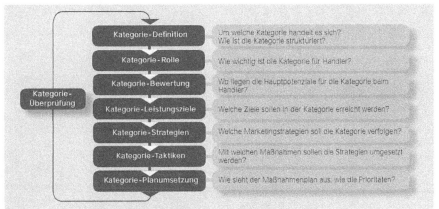

Abbildung 3: Der Category Management Prozess
Quelle: Prozeus(Hrsg.), Category Management für Entscheider, 2009, S.3.

Die Bildung und Bearbeitung der einzelnen Warengruppen geschieht in einem geordneten Prozess, welchen Abbildung 3 nachfolgend als Ablaufdiagramm visualisiert.

Die vollständige Betrachtung jedes einzelnen Prozessschrittes würde den Rahmen dieser Arbeit sprengen. Hier sein auf die einschlägige Literatur verwiesen.[36] Dennoch soll nachfolgend der Subprozess Kategorie-Definition etwas näher betrachtet werden. Dieser Prozessschritt stellt den Ausgangspunkt des CM-Prozesses dar und ist somit einer der wichtigsten Subprozesse.[37]

Eine Kategorie bzw. Warengruppe ist wie folgt definiert:

---

35 Vgl. Biehl, B., CM, 1997, S.42.
36 Vgl. hierzu von der Heydt, ECR, 1998, S.110ff.; Ahlert,D./Borchert,S., Kooperation, 2000, S.92ff.;
   Prozeus (Hrsg.), Category Management für Umsetzer, 2009, S.7ff.
37 Vgl. Ahlert,D./Borchert,S., Kooperation, 2000, S.93ff.;

„Eine Kategorie ist dabei eine unterscheidbare, eigenständig steuerbare Gruppe von Subkategorien, die als zusammenhängend definiert werden […]."[38]

Dabei gilt zu beachten, dass die Bildung einer solchen Kategorie im CM immer aus Sicht der Endverbraucher zu erfolgen hat. Eine Kategorie muss sich an der Bedarfs- und Erlebniswelt der Verbraucher orientieren, sowie sich Trends in deren Kaufverhalten anpassen. Darüber hinaus wird die Bildung einer Kategorie noch von der zur Verfügung stehenden Verkaufsfläche beeinflusst. Je größer die Fläche ist desto feiner und detaillierter kann die Kategorisierung erfolgen.[39] Neben dem Category Management beinhaltet die Supply Side noch weitere Basistechniken, die eng mit dem CM verbunden sind. Diese drei Basistechniken sollen im Folgenden kurz betrachtet werden:

- Efficient Store Assortment (ESA)

- Efficient Product Introduction (EPI)

- Efficient Promotion (EP)

Das **Efficient Store Assortment** kann als eine Ausprägung des CM-Subprozesses Kategorie-Taktiken (s. Abb. 2, S.11) gesehen werden.[40] Unter ESA versteht man die kooperative effiziente Gestaltung des Sortiments unter dem Aspekt einer möglichst hohen Kundenzufriedenheit. Das wirklich neue an ESA ist das kooperative Element zwischen Handel und Hersteller. Früher was die Sortimentsgestaltung traditionell Aufgabe des Handels. Ein wichtiges Ziel im ESA stellt die optimale Ausnutzung der Verkaufsfläche dar. Dieses Ziel soll durch das Space Management (SM) erreicht werden.[41]

Während früher die Verkaufsfläche meist proportional zum Umsatz der Produkte verteilt wurde, nimmt das heutige SM zusätzlich andere Ziele wie z.B. mögliche Wettbewerbsvorteile in den Fokus. SM ist also eine marketingorientierte Optimierung der Verkaufsfläche, die Umsatz und Ertrag der Produkte als Richtgrößen verwendet. Im SM spielen Informationssysteme, die u.a. auf die Scanner- oder RFID-Daten zugreifen können eine wichtige Rolle.[42] Neben der optimalen Ausnutzung der Verkaufsfläche als wichtigsten Faktor wird die effiziente Sortiments-

---

38 Prozeus (Hrsg.), Category Management für Umsetzer, 2009, S.8.
39 Vgl. Stefanescu, M., Prozeßoptimierung, 1999, S.259.
40 Vgl. ECR Europe, Efficient Assortment, 1998, S.3.
41 Vgl. von der Heydt, A., ECR, 1998, S.102f.
42 Vgl. von der Heydt, A., ECR, 1998, S.119f.

gestaltung noch von der Produktplatzierung, der Kontaktstrecke und der Preisfindung beeinflusst.

Eine weitere Basistechnik ist die **Efficient Product Introduction**. Hierbei handelt es sich um eine enge Kooperation zwischen Handel und Industrie bei der Produkteinführung und -entwicklung. Ziel des EPI ist es den Prozess der Produkteinführung und -entwicklung effizienter zu gestalten, Kosten zu senken und gleichzeitig die Kundenzufriedenheit durch qualitativ hochwertige Produkte zu steigern. Bei der Produkteinführung geht es vor allem um die Festlegung der optimalen Verpackungs- und Palettengröße und des optimalen Preises sowie um eine Prognose der erwarteten Abverkaufszahlen. Die Produkteinführung stellt oft den ersten Schritt bei einer Kooperation im Rahmen von EPI dar. Die gemeinsame Produktentwicklung wird oft erst nach einer längeren erfolgreichen Kooperation eingeführt. Das Maß an Vertrauen, dass zwischen den Kooperationspartnern aufgebracht werden muss ist bei der gemeinsamen Produktentwicklung ungleich höher. Hier muss der Hersteller dem Handel z.B. Einblick in seine internen Produktionsabläufe gewähren.[43]

Die letzte Basistechnik der Demand Side von ECR stellt **Efficient Promotion** dar. EP hat die Effizienzsteigerung der Kommunikationspolitik von Hersteller und Handel zum Gegenstand. Das Ziel der Kommunikationspolitik ist hierbei die Profilierung der Produkte und des Angebots. Als Werkzeuge dienen hier in erster Linie die klassische Werbung, sowie Verkaufsförderungsmaßnahmen, wie z.B. Aktionswochen.[44]

4   Enabling Technologies

Der Begriff „enabling technologies" setzt sich aus den englischen Wörtern „to enable" was so viel bedeutet wie „ermöglichen" und „technolgies" was dem deutschen Wort „Technologien" entspricht. In dieser Arbeit sollen also unter dem Begriff „enabling technologies" alle Technologien, die die Implementation und den Einsatz von ECR und seinen Basistechniken entweder erst ermöglichen oder aber zumindest erheblich unterstützen. Der Begriff „technologies" ist in diesem Zusammenhang etwas weiter gefasst, als es seine eigentliche Bedeutung zulässt. In dieser Arbeit fallen darunter auch Methoden und Techniken, wie etwa die Prozesskostenrechnung.In diesem Kapitel soll zwei Aufgaben erfüllen. Einmal soll es zeigen welche Enabling

43 Vgl. von der Heydt, A., ECR, 1998, S.155f.
44 Vgl. von der Heydt, A., ECR, 1998, S.127ff.

Technologies für ECR existieren. Abschnitt 4.1 gibt hierzu einen Überlick. Zum anderen soll es klären ob und wenn ja welche E-Business-Technologien zu den Enabling Technologies von ECR gehören. Zu diesem Zweck werden in Abschnitt 4.2 und 4.2 der Electronic Data Interchange (EDI) bzw. die Radiofrequenzidentifikation (RFID) einer ausführlicheren Betrachtung unterzogen.

4.1 Überlick

Tablle 3 zeigt eine Auflistung der Enabling Technologies von ECR. Der Rahmen dieser Arbeit erlaubt leider keine ausführliche Betrachtung jeder einzelnen Enabling Technology.

Enabler	Kurzbeschreibung
Electronic Data Interchange (EDI)	papierloser elektronischer Datenaustausch zwischen 2 Unternehmen (externer Austausch) oder Abteilungen eines Unternehmens (interner Austausch). S. Abschnitt 4.2
Radiofrequenz-Identifikation (RFID)	automatisches Identifikationssystem zur Identifikation von Objekten durch Radiowellen S. Abschnitt 4.3
Scanner-Technologie	Verwendung von Scanner-Kassen erlaubt die automatische Verknüpfung der Abverkäufe mit der Warenlogistik[45]
Data Warehouse	Integration aller Geschäftsdaten aus verschiedenen Quellen in eine Datenbank. Zur zweck- und entscheidungsorientierten Nutzung von Informationen[46]
Barcoding	Neben den Verkaufseinheiten werden auch die Verpackungenseinheiten und Paletten mit einem Barcode versehen. Standard ist hier EAN-128. Ziel ist die Effizienzsteigerung der Logistikkette.[47]
Prozesskostenrechnung	System zur Verrechnung der eingesetzten Ressourcen auf die Prozesse, in denen sie verwendet wurden.[48]
Electronic Funds Transfer (EFT)	Gesamtheit aller Systeme die den unternehmensinternen und -externen elektronischen Geldfluss ermöglichen[49]

Tabelle 3: Überblick über die Enabling Technologies von ECR

Quelle: Eigene Darstellung

---

45 Vgl. Seifert, D., ECR, 2006, S.85f.; für weitere Ausführungen s. von der Heydt, ECR, 1998, S.114f., S.174f.
46 Vgl. Seifert, D., ECR, 2006, S.87ff.; von der Heydt, A., ECR, 1998, S.177ff.; für weitere Ausführungen s. Moll,C., ECR, 2000, S.235ff.;
47 Vgl. Seifert, D., ECR, 2006, S.140f.
48 Vgl. von der Heydt, A., ECR, 1998, S.186ff.; Moll, C., ECR, 2000, S.196f.
49 Vgl. Moll,C., 2000, ECR, S.234.

4.2   Electronic Data Interchange (EDI)

Als Electronic Data Interchange wird der elektronische, daher papierlose, Datenaustausch verstanden. Der Austausch kann sowohl innerbetrieblich, also zwischen zwei Abteilungen des selben Unternehmens als auch überbetrieblich, also zwischen zwei Unternehmen erfolgen.[50] Wichtig ist hierbei, dass die Daten in einer Form gesendet werden, die es erlaubt die Daten ohne weiteren manuellen Eingriff direkt weiter zu verarbeiten.[51] Um diese medienbruchlose Weiterverarbeitung zu ermöglichen bedarf es einheitlicher Standards.

Bei EDI kommen zwei Standards für den Nachrichtenaustausch zum Einsatz. Für die Nachrichtenstruktur ist der internationale UN-Standard EDIFACT zuständig. Für den Nachrichteninhalt ist es EAN (European Article Number).[52]

EDIFACT steht für Electronic Data Interchange for Administrations, Commerce and Transport. Er besteht aus einer Menge von international anerkannten Standards, Richtlinien und Leitfäden für den elektronischen Austausch von strukturierten Daten zwischen zwei unabhängigen Computersystemen.[53] EDIFACT ist seit mehreren Jahrzehnten im Einsatz und weist somit einen hohen Nutzungsgrad auf. Aufgrund dieser hohen Verbreitung und dem Einsatz in einer Vielzahl von Branchen haben sich innerhalb von EDIFACT sogenannte Subsets, also Untermengen gebildet. [54] Für ECR ist hier das Subset für die Konsumgüterindustrie EANCOM relevant.[55] EANCOM enthält eine Menge von EANCOM-Nachrichten die verschiedenen Kategorien und Aufgaben zugeteilt sind.[56] Es können Stammdaten, Auftragsdaten, Distributionsdaten und Finanzdaten ausgetauscht werden.[57]

Wie bereits erwähnt wird für den Dateninhalt der Standard EAN verwendet. Die Bezeichnung EAN ist allerdings veraltet. Der Standard läuft heute unter dem Namen GTIN (Global Trade Item Number).[58] In dieser Arbeit soll allerdings weiterhin die Bezeichnung EAN verwendet

---

50 Vgl. von der Heydt, A., ECR, 1998, S.82.
51 Vgl. ECR Europe (Hrsg.), Introducing EDI, 1996, S.3.
52 Vgl. ECR Europe (Hrsg.), Introducing EDI, 1996, S.3.
53 Vgl. ECR Europe (Hrsg.), EDI Standards, 1996, S.5.
54 Vgl. Prozeus (Hrsg.), Transaktion, 2009, o.S.
55 Vgl. von der Heydt, A., ECR, 1998, S.83; Wagener, G., Enabling Technologies, S.211. Für Informationen über die anderen Subsets von EDIFACT s. ECR Europe (Hrsg.), EDI Standards, 1996, S.7.
56 Vgl. Wagener, G., Enabling Technologies, S.211. Für eine Auflistung aller EANCOM Nachrichten s. ebenda, S.212.
57 Vgl. ECR Europe (Hrsg.), EDI Introducing, 1996, S. 4.
58 Vgl. Prozeus (Hrsg.), EANCOM, 2009, o.S.

werden. Durch den EAN ist es möglich innerhalb von EDI Nachrichten Artikelstammdaten auszutauschen. Der maschinenlesbare Code fungiert dabei sozusagen als Adresse für die Artikelstammdaten. Er enthält eine Länderkennung, eine eindeutige Betriebsnummer, sowie eine Artikelnummer (s. Abb. 4). So können weitere Daten zu einem Artikel abrufbereit in einem EDV-System bereitgestellt werden.[59]

Abbildung 4: EAN-Code mit Erläuterung

Quelle: Universität Karlsruhe(Hrsg.), Etufo-Brief, 1997, o.S.; Beschriftung in Anlehnung an: Kern, C., RFID-Systeme, 2007, S.18.

Der Einsatz von EDI innerhalb des ECR-Konzeptes birgt eine Reihe von Vorteilen:

- schnellere und präzisere Infomationsübermittlung

- sinkende Logistikkosten

- verbesserter Servicegrad

Dies macht EDI zu einer wichtigen Voraussetzung für den erfolgreichen Einsatz von ECR, vor allem aber für die erfolgreiche Implementierung der Supply Side Strategie Efficient Replenishment. Speziell der schnelle Austausch von Informationen über Nachfrage der Produkte und Distribution sind für ER elementar.[60]

---

59 Vgl. Seifert, D., ECR, 2006, S.81.
60 Vgl. von der Heydt, ECR, 1998, S.174; Seifert, ECR, 2006, S.80f; Wagener, G.,Enabling Technologies, 2000, S.211.

4.3　Radio Frequency Indentification (RFID)

RFID gehört, wie auch das Barcode Scanning, zu den Auto-ID (automatische Identifikation) Systemen.[61]RFID steht für Radio Frequency Identification, was im Deutschen soviel bedeutet wie Identifikation durch Radiowellen.[62] Ein sogenanntes RFID-Tag oder auch RFID-Funketikett besteht im Wesentlichem aus einem Chip und einer Antenne (s. Abb. 5).

Abbildung 5: RFID-Tag

Quelle: Sage Data Solutions (Hrsg.), RFID, 2010, o.S.

Die Antenne ist ein sehr dünner Draht der sich um den Chip wickelt. Der Chip besteht aus einem Datenspeicher, einem Empfänger und einem Sender. Die Energie bezieht der Chip aus dem elektromagnetischem Feld des Lesegeräts.[63]Auf dem Chip wird lediglich der Electronic Product Code (EPC) auf dem Chip gespeichert.[64] Der EPC besitzt eine Länge von 96 Bit und ist in vier alphanumerische Zeichenfolgen unterteilt (s. Abb. 6).

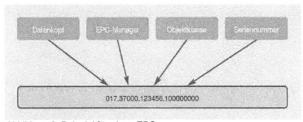

Abbildung 6: Beispiel für einen EPC

Quelle: Prozeus (Hrsg.), EPC/RFID, 2009, o.S.

---

61 Vgl. Heineken, S., RFID-Technologie, S.3.
62 Vgl. Heineken, S., RFID-Technologie, S.5.
63 Vgl. Seifert, D., ECR, 2006, 370f.
64 Vgl. Prozeus (Hrsg.), EPC/RFID, 2009, o.S.

Der **Datenkopf** oder **Header** gibt an welche EPC-Version verwendet wurde und welche Informationsart verschlüsselt wurde. Der **EPC-Manager** ist Kennzeichnungsnummer des Nummergebers. Im Kontext der Konsumgüterwirtschaft, in dem wir uns in dieser Arbeit befinden wäre dies bspw. der Hersteller des Produktes. Die **Objektklasse** gibt die Objektnummer wieder, in unserem Kontext die Artikelnummer. Die **Seriennummer** identifiziert ein Objekt eindeutig.[65] Also können mit dem EPC der Herstellername, die Artikelnummer, sowie eine eindeutige Seriennummer für jedes Objekt gespeichert werden. Informationen zum Produkt, die über die oben genannten hinaus gehen werden von Anwendungen erzeugt und bspw. in Datenbanken abgelegt und zur Verfügung gestellt.[66] Z.B. Verfallsdatum des Produktes, Lagereingang, Lagerausgang, usw.

Die RFID-Technologie bietet durch ihren Einsatz im Umfeld ECR einige Vorteile entlang der gesamten Logistikkette bis hin zum Kunden. Einer der wichtigsten Vorteile und mit dem größten Potential für Kosteneinsparungen ist die automatische Warenannahme.[67] Durch die berührungslose und automatische Erkennung der Tags wird der manuelle Aufwand beim Wareneingang und -annahme erheblich reduziert. Sogar eine vollautomatische beleglose Warenannahme ist denkbar. Ebenso können im Gegesatz zum herkömmlichen Barcodeverfahren mit Scanner gleich mehrere Tags auf einmal gelesen und identifiziert werden. Man spricht hier von der sogenannten Pulk-Erkennung.[68]

Die automatische Warenannahme legt den Grundstein für zwei weitere Anwendungsvorteile von RFID: die permanente Inventur und die Reduzierung von out-of-stocks (Fehlbeständen). Einer der Gründe für Bestandslücken in den Regalen sind mangelnde Informationen zum aktuellen Bestand.[69] Abhilfe können hier sogenannte intelligente Regale schaffen. Diese Regale sind mit RFID-Lesegeräten ausgestattet. Sofern ein Produkt mit einem RFID-Tag ausgestattet ist wird jede Bewegung des Produktes verfolgt. Die Daten werden per WLAN zu einem zentralen Informationssystem gefunkt. So sind die Bestandsinformationen immer aktuell.[70] Eine weitere Anwendung von RFID im Kontext der Bestandsführung ist die Überwachung des

---

65 Vgl. Prozeus (Hrsg.), EPC/RFID, 2009, o.S.
66 Vgl. Prozeus (Hrsg.), EPC/RFID, 2009, o.S.
67 Vgl. Seifert, D., ECR, 2006, S.373.
68 Vgl. Heineken, S., RFID-Technologie, 2008, S.48.
69 Vgl. Seifert, D., ECR, 2006, S.375.
70 Vgl. Gritsch, A., RFID, 2006, S.64.

Mindesthaltbarkeitsdatums. So können frühzeitig Aktionen für den raschen Abverkauf getroffen werden und Abschreibungen reduzieren sich.[71]

Ein weiteren Vorteil den die RFID-Technologie bietet ist die lückenlose Rückverfolgbarkeit jedes einzelnen Produktes über die gesamte Supply Chain, also vom Hersteller bis zum Endkunden. Diese Rückverfolgbarkeit der Ware ist seit 2005 von der EU vorgeschrieben. Ohne den Einsatz von RFID ist dies nur schwer zu bewerkstelligen.[72] Die eindeutige Rückverfolgbarkeit jedes einzelnen Produktes dient auch zum Schutz vor Plagiaten. So kann festgestellt werden, ob das Produkt wirklich von dem angegebenen Hersteller produziert wurde, oder ob es sich um eine Fälschung handelt.[73] Ein weiterer Anwendungsvorteil in diesem Kontext ist die Diebstahlsicherung.[74]

Ein denkbares Szenario, dass durch den Einsatz von RFID möglich wäre ist der automatische Kassiervorgang. Der Kunde läuft nach dem Einkauf an einem RFID-Lesegerät vorbei. Die Artikel melden automatisch ihre Produktkennung und ihren Preis. So kann Kassenpersonal gespart werden.[75]

Zusammenfassend wird klar, dass RFID keine Grundvoraussetzung für die Umsetzung von ECR darstellt. Aber dennoch bietet diese Technologie eine Reihe von Einsparungspotentialen speziell auf der Supply Side (z.B. automatische Warenannahme). Darüber hinaus bietet die neue Lösungsansätze für bestehende Probleme (Rückverfolgbarkeit der Ware) oder ermöglicht sogar ganz neue Methoden und Konzepte (bspw. automatischer Kassiervorgang) von denen Hersteller, Handel und Kunde gemeinsam profitieren können.

5 Fazit & Ausblick

Diese Arbeit hat sich mit dem strategischen Managementkonzept Efficient Consumer Response beschäftigt. Sie zeigt, dass ECR weit mehr ist als ein bloßer Prozessstandard. ECR gibt einen Gestaltungsrahmen vor und bildet dabei gleichzeitig die Grundlage für eine vertikale Kooperation zwischen Hersteller und Handel. Diese Kooperation hat zum Ziel Ineffizienzen entlang der Wertschöpfungskette zu eliminieren unter der Bedingung der maximalen Kunden-

---

71 Vgl. Seifert, D., ECR, 2006, S.376.
72 Vgl. Seifert, D., ECR, 2006, S.377f.
73 Vgl. Gritsch, A., RFID, 2006, S.83; Seifert, D., ECR, 2006, S.378.
74 Vgl. Seifert, D., ECR, 2006, S.377.
75 Vgl. Seifert, D., ECR, 2006, S.376.

zufriedenheit. Dazu bedient sich ECR seiner vier Basisstrategien. Auf der Demand Side wäre dies Efficient Replenishment, die sich hauptsächlich auf die Optimierung der Logistik komzentriert. Auf der Supply Side wäre dies die Strategien Efficient Store Assortment, Efficient Product Introduction und Efficient Promotion mit ihrem Überbau dem Category Management. Diese Basisstrategien konzentrieren sich vor allem auf das Geschehen am PoS. Das Fundament von ECR repräsentieren die Enabling Technologies. Ohne diese wäre eine Umsetzung wenig sinnvoll oder erst gar nicht möglich. Mit dieser Arbeit sollte u.a. die Frage beantwortet werden, inwiefern E-Business Technologien bei den Enabling Technologies eine Rolle spielen.

Die Ausführungen in Kapitel 4 haben gezeigt welche wichtige Rolle E-Business Technologien für die Durchführung von ECR spielen. Speziell EDI ist für ECR eine zentrale Enabling Technology. ECR ist eine vertikale Kooperation zwischen Handel und Industrie und in einer Kooperation spielt die Kommunikation eine bedeutende Rolle. EDI stellt sicher das diese Kommunikation sicher, schnell und einheitlich geschieht. Dadurch wird die Durchführung vieler elementarer Elemente von ECR erst möglich gemacht (z.B. Vendor Managed Inventory) bzw. die Möglichkeit gegeben diese wesentlich effizienter zu gestalten. Kann man bei EDI noch ohne Zweifel von einer Enabling Technology sprechen, sieht der Sachverhalt bei RFID schon ein wenig anders aus. Sämtliche Basisstrategien von ECR lassen sich auch ohne den Einsatz von RFID durchführen. Allerdings bietet RFID große Rationalisierungs- und Einsparungspotentiale, sowie neue Lösungswege für bestehende Probleme. Selbst gänzlich neue Szenarien sind denkbar. Durch den Einsatz von RFID ist eine erfolgreichere Umsetzung von ECR möglich. Des weiteren wird RFID sehr wahrscheinlich auf lange Sicht die Scannertechnologie und damit die Barcodes ersetzen und damit zum festen Instrument der Konsumgüterwirtschaft und des Einzelhandels werden.

Obwohl seit Entwicklung des ECR-Konzept fast zwanzig Jahre vergangen sind wird es kontinuierlich weiterentwickelt und verbessert. Sowohl auf der Supply Side als auch auf der Demand Side haben sich in den letzten Jahren neue Ansätze aufgetan, die in den kommenden Jahren vermehrt Einzug in die Praxis halten werden.

Eine konsequente Weiterentwicklung der ECR Ideen auf der Supply Side ist die Initiative Continuous Planning, Forecasting and Replenishment (CPFR). Der Hauptunterschied von CPFR zu der ECR Basisstrategie Efficient Replenishment liegt hier in der konsequenten Ver-

wendung der Datenbasis des Händlers zur möglichst genauen Prognose künftiger Absatzzahlen.[76]

Eine interessante Entwicklung auf der Demand Side von ECR ist das Collaborative Customer Relationship Management (CCRM). Mit CCRM ist es möglich das Kaufverhalten eines Kunden nachzuvollziehen. Mit den gewonnenen Informationen können bspw. die Sortimentsgestaltung des Händlers oder die Produktentwicklung des Herstellers weiter optimiert werden, um die Bedürfnisse der Verbraucher optimal zu befriedigen.[77]

---

76 Vgl. Seifert, D., ECR, 2006, S. 351f.
77 Vgl. Seifert, D., ECR, 2006, S. 404.

Literaturverzeichnis

Printquellen

Ahlert, Dieter/Borchert, Stefan [Kooperation, 2000]: Kooperation und Vertikalisierung in der Konsumgüterdistribution, in: Ahlert, D./Borchert, S., Prozessmanagement, 2000, S. 1-148.

Ahlert, Dieter/Borchert, Stefan [Prozessmanagement, 2000]: Prozessmanagement im vertikalen Marketing: Efficient Consumer Response in Konsumgüternetzen, 1.Aufl., Berlin, Heidelberg: Springer, 2000

Biehl, Bernd [CM, 1997]: Gute Gründe für ein Category Management, in: Lebensmittel Zeitung, 49(1997), Nr. 10, 7.3.1997, S.42

Gritsch, Andrea [RFID, 2006]: RFID im Einzelhandel: Chancen – Risiken – Revolution, 1.Aufl., Saarbrücken: VDM Müller, 2006.

Heineken, Susann [RFID-Technologie, 2008]: RFID-Technologie: Beschreibung, Analyse und zukünftige Einsatzmöglichkeiten der Radio Frequency Identification,1.Aufl., Bremen: Salzwasser, 2008

Kern, Christian [RFID-Systeme, 2007]: Anwendung von RFID-Systemenm, 2. verbesserte Auflage, Berlin, Heidelberg, New York: Springer, 2007

Meffert, Heribert [Trends, 2000]: Trends im Konsumentenverhalten - Implikationen für Efficient Consumer Response, in: Ahlert, D./Borchert, S., Prozessmanagement, 2000, S.151-157

Moll, Christian [ECR, 2000]: Efficient Consumer Response: Neue Wege einer erfolgreichen Kooperation zwischen Industrie und Handel, 1.Aufl., Frankfurt a.M.: Deutscher Fachverlag, 2000

Seifert, Dirk [ECR, 2006]: Efficient Consumer Response: Supply Chain Management (SCM) Category Management (CM) und Radiofrequenz-Identifikation (RFID) als neue Strategieansätze, 4. erw. Aufl., München, Mering: Hampp, 2006

Simacek, Karl [VMI, 1999]: Vendor Managed Inventory (VMI) – Oder wer in Zukunft disponieren sollte, in: von der Heydt, A., Handbuch ECR, 1998, S.129-140

Stefanescu, Michael [Prozeßoptimierung, 1999]: Prozeßoptimierung und Category Management – Zwei Seiten einer Münze, in: von der Heydt, A., Handbuch ECR,1999, S. 255-267

von der Heydt, Andreas [ECR, 1998]: Efficient Consumer Response: Basisstrategien und Grundtechniken, zentrale Erfolgsfaktoren sowie globaler Implementierungsplan, 3.aktual. u. erw. Aufl., Frankfurt a. M., Berlin, Bern: Lang, 1998

von der Heydt, Andreas (Hrsg.) [Handbuch ECR, 1999]: Handbuch Efficient Consumer Response: Konzepte, Erfahrungen, Herausforderungen, 1.Aufl., München: Vahlen, 1999

Wagener, Günter [Enabling Technologies, 2000]: ECR und die Enabling Technologies: EAN-Standards in Kommunikation und Logistik, in: Ahlert, D./Borchert, S., Prozessmanagement, 2000, S. 209-218.

Wiezorek, Heinz [ECR, 2000]: ECR – eine gemeinsame Aufgabe von Hersteller und Handel, in: Ahlert, D./Borchert, S., Prozessmanagement, 2000, S. 193-207

Internetquellen

Akademische Partnerschaft ECR Deutschland [Inhalte, 2009]: Inhalte von Efficient Consumer Response, 2009, http://www.ecracademics.de/inhalte_von_ecr.php (2.12.2009)

ECR Europe (Hrsg.) [EDI Standards, 1996]: Efficient Replenishment and EDI: EDI Standards, 1996, http://www.ecrnet.org/04-publications/blue_books/Efficient %20Replenishment%20&%20EDI/Efficient%20replenishment%20&%20EDI-EDI %20Standards.pdf (24.12.09)

ECR Europe (Hrsg.) [Introducing EDI, 1996]: Efficient Replenishment and EDI: Introducing EDI, 1996, http://www.ecrnet.org/04-publications/blue_books/Efficient %20Replenishment%20&%20EDI/Efficient%20replenishment%20&%20EDI-Introducing%20EDI.pdf (24.12.09)

ECR Europe (Hrsg.) [Introducing ER, 1996]: Efficient Replenishment and EDI: Introducing Efficient Replenishment, 1996, http://www.ecrnet.org/04-publications/blue_books/Efficient%20Replenishment%20&%20EDI/Efficient %20replenishment%20&%20EDI-Introducing.pdf (2.12.2009)

ECR Europe (Hrsg.) [CM, 1997]: Category Management Best Practices Report: Chapter 1: Introduction: why is it time for category management, 1997, http://www.ecrnet.org/demand_side/catman_bluebook/chapter%201.pdf (17.12.09)

ECR Europe (Hrsg) [EUL Report, 1997]: The Efficient Unit Loads Report, 1997, http://www.ecrnet.org/04-publications/blue_books/pub_1997_efficient_unit_loads.pdf (3.12.09)

ECR Europe (Hrsg.) [Cosumer Enthusiasm, 1998]: How to create Consumer Enthusiasm: Roadmap to growth, 1998, http://www.ecrnet.org/04-publications/blue_books/pub_1998_how_to_create_consumer_enthusiasm_roadmap_to _growth.pdf (25.11.2009)

ECR Europe (Hrsg.) [Efficient Assortment, 1998]: Efficient Assortment Best Pratices, 1998, http://www.ecrnet.org/04-publications/blue_books/pub_1998_efficient_assortiment.pdf (19.12.09)

Prozeus (Hrsg.) [Category Management für Entscheider, 2009]: Day-to-Day Category Management: Nutzen – Wirtschaftlichkeit – Projektumsetzung, 2009, http://prozeus.de/imperia/md/content/prozeus/broschueren/category_management_entsc heider.pdf (8.12.2009)

Prozeus (Hrsg.) [Category Management für Umsetzer, 2009]: Day-to-Day Category Management für Umsetzer, 2009,

http://prozeus.de/imperia/md/content/prozeus/broschueren/category_management_umse tzer.pdf (8.12.2009)

Prozeus (Hrsg.) [EANCOM, 2009]: EANCOM, 2009, http://www.prozeus.de/eBusiness/standards/transaktion/eancom/index.html (25.12.09)

Prozeus [EPC/RFID, 2009]: EPC/RFID, 2009, http://www.prozeus.de/eBusiness/standards/identifikation/epc/index.html (3.1.10)

Prozeus (Hrsg.) [Transaktion, 2009]: Transaktion, 2009, http://www.prozeus.de/eBusiness/standards/transaktion/index.html, (25.12.09)

Sage Data Solutions (Hrsg.) [RFID, 2010]: RFID - Radio Frequency Identification, 2009, http://www.sage.ca/learning_centre/RFID_main.html, (16.01.2010)

Universität Karlsruhe (Hrsg.) [Etufo-Brief, 1997]: Etufo-Brief Nr.7 Berichte, 1997, http://marketing.wiwi.uni-karlsruhe.de/institut/pubs/briefe/brief7/berichte.jsp, (16.1.10)

www.ingramcontent.com/pod-product-compliance
Lightning Source LLC
La Vergne TN
LVHW092348060326
832902LV00008B/898

* 9 7 8 3 6 4 0 4 1 3 0 1 0 *